Fragments Littéraires Et Critiques Relatifs À L'histoire De La Bible Française: (aus Der Revue De Théologie Et De Philosophie Chrétienne). Les Traductions Vaudoises : Juin 1851, Volume 2...

Ed Reuss

traité cette matière), ce n'est pas à moi, dis-je, qu'ils parviendront à prouver l'antiquité de la secte vaudoise, en se fondant sur les prédications *possibles* de l'apôtre Paul en Piémont, pendant son voyage *supposé* en Espagne, ou sur la nécessité de dériver le patois des vallées d'une colonie de chrétiens primitifs, comme si nulle part ailleurs dans le Midi de l'Europe on ne parlait des idiomes dérivés du latin.

§ 1. *Versions vaudoises imaginaires.*

Plusieurs auteurs ont prétendu que la version attribuée à Valdo n'était pas la première à l'usage des chrétiens du Midi de la France, et que cet homme, dont le nom joue en tout cas un grand rôle dans toute cette histoire, n'a eu besoin que d'en réviser une plus ancienne ou de recueillir des fragments épars pour en faire quelque chose de complet. Cette opinion trouve des défenseurs de nos jours encore[1]. Je répète que s'il s'agissait, dans cette assertion, d'une traduction albigeoise, je ne la contesterais pas de prime abord; j'examinerais seulement si les Vaudois auraient emprunté la Bible de ces hérétiques. Mais généralement on se fonde ici sur l'hypothèse de l'ancienneté des Vaudois eux-mêmes comme secte particulière. On commence par asseoir cette hypothèse sur la base la moins solide possible, et puis on en conclut à la nécessité de l'existence d'une traduction de la Bible chez cette secte. Je ne puis admettre ni la prémisse ni la conclusion. Les méthodes du protestantisme historique du seizième siècle ne peuvent pas servir de preuves *à priori* pour les méthodes d'un protestantisme imaginaire du dixième ou du onzième siècle.

Mais on prétend avoir en main des preuves directes et écrites du fait que l'on avance, et comme ces preuves rentrent dans les limites de cet article, je me ferai un devoir de les discuter. Il y a d'abord un certain nombre de morceaux poétiques en idiome provençal, conservés chez les Vaudois et très-probablement émanés d'eux, exprimant d'ailleurs leurs idées religieuses et trahissant partout une base scripturaire[2]. Non-seulement ils contiennent de fréquentes allusions à divers passages bibliques, mais ils en citent aussi un certain nombre expressément. Or, dit-on, la plus ancienne de ces pièces a été écrite vers l'an

[1] Voyez, entre autres, Hegelmaier, *Geschichte des Bibelverbots*, p. 123; Monastier, *Histoire des Vaudois*, I, 105; Gilly, *The romaunt version*, p. 99 et suiv. Ce dernier auteur va jusqu'à nous représenter Valdo, qui pourtant ne savait ni le latin ni l'art d'écrire, voyageant en Italie pour recueillir les variantes de la Vulgate, afin de rendre cette traduction plus parfaite!

[2] Ces poésies, on le sait, ont été publiées, soit en entier, soit en fragments, par Raynouard (*Choix de poésies des troubadours*, t. II) et par M. Monastier, mais plus complétement par M. Hahn, dans son *Histoire des Vaudois*.

1100, soit soixante-dix avant Valdo. Il faut qu'à cette époque déjà il ait existé une traduction en idiome provençal (vaudois) dont le poëte a pu se servir. Cette pièce, c'est la *Nobla Leyczon*.

Je ne vois aucune raison pour exclure ces documents de tout rapport direct avec le siècle des troubadours. La langue et les formes de ces derniers s'y retrouvent. Mais ce fait n'autorise nullement les conséquences qu'on en tire. D'abord il n'est pas impossible qu'un poëte religieux de cette époque ait pu alléguer des histoires et des sentences bibliques sans avoir sous les yeux une version. Il pouvait les puiser dans l'instruction orale ou, s'il lui fallait absolument un texte, dans la Bible latine, et ceux qui plaident pour une transmission pure et non altérée des doctrines apostoliques à travers tous les siècles et en opposition avec le système de l'Église constituée, ne devraient pas tomber dans l'étrange inconséquence de contester cette possibilité. D'un autre côté, je nie formellement que dans aucun de ces poëmes il y ait une seule citation littérale d'un passage de la Bible[1], et lors même qu'il y en aurait, elles pourraient venir directement du latin. Mais il y a plus. Il existe une série de citations de faits racontés, non pas d'après la lettre biblique, mais d'après la tradition vulgaire de l'Église[2], circonstance qu'on s'est bien gardé de relever et qui a été même négligée par les historiens critiques.

Je ne m'arrêterai pas à ces détails; je veux frapper droit au cœur l'argument que je combats. Il repose, chez tous les auteurs qui l'ont reproduit et chez la plupart de ceux qui ont généralement parlé de cette littérature, sur une erreur tellement grossière et palpable que l'on pourrait être tenté d'y voir autre chose qu'une inadvertance.

Tout le monde connaît la *Nobla Leyczon* ou *noble leçon*, poëme provençal, communément regardé comme le plus ancien document vaudois existant. C'est une pièce didactique qui, partant de l'idée que la fin du monde approchait, recommande la dévotion et les bonnes œuvres. Elle passe en revue, à cet effet, toute l'histoire biblique qu'elle groupe naturellement autour de trois faits fondamentaux, qu'elle appelle les trois lois de Dieu: la loi naturelle, la loi mosaïque et la loi

---

[1] Voyez, par exemple, *Nobla Leyczon*, v. 210, 225, 236 et suiv., 475, etc.; *Novel confort*, st. 65; *Avangeli de li quatre semencz*, st. 68 et passim. Plusieurs fois, dans ces poëmes, il est fait allusion aux paroles de Jésus-Christ, Matth. XXV, 31 et suiv., et jamais dans les mêmes termes.

[2] Ainsi, *Nobla Leyczon*, v. 58, les circonstances de la chute; v. 77, le sacrifice d'Abel; v. 117, les motifs de la construction de la tour de Babel; v. 170, le nombre des Israélites morts au désert; v. 216, la pauvreté des parents de Jésus; v. 224, les *trois* seigneurs (mages); v. 305, les détails du supplice du Seigneur; v. 341, les Sarrasins qui persécutent les apôtres, citation que l'auteur lui-même appelle textuelle! v. 387, 460, etc.

de l'Évangile, et dont elle tire une série d'enseignements terminée par la perspective du jugement. Or, dès le début[1], nous y lisons textuellement ces mots : *Car nous voyons ce monde de la fin s'approcher; bien il y a mille et cent ans accomplis entièrement que fut écrite l'heure que nous sommes au dernier temps.* Le croirait-on? La presque totalité des auteurs qui ont écrit sur ces vers et le poëme d'où ils sont tirés[2], prétendent qu'ils contiennent directement et explicitement l'indication de l'époque du poëte, l'an 1100 de notre ère. Cela revient à dire qu'*au moment de la naissance du Seigneur* quelqu'un aurait prédit la fin du monde dans un temps donné et que son écrit aurait fait autorité à la fin du onzième siècle! Cela a-t-il le sens commun? Où sont donc les écrits inspirés, ou passant pour tels, contemporains de l'an premier? Comment a-t-on pu, l'un après l'autre, répéter une assertion si absolument contraire aux faits les mieux établis de l'histoire sainte et que les enfants savent par cœur? Évidemment le *terminus a quo* pour compter les 1100 ans du poëte doit être l'époque d'un écrit faisant une pareille prédiction, laquelle, de son temps, préoccupait les esprits et éveillait dans son parti une attentive anxiété. Cet écrit, on le devine, ne peut être que l'Apocalypse; ce serait faire injure à nos lecteurs que de vouloir le leur prouver. Ce livre seul a eu, depuis le onzième siècle jusqu'à nos jours, le privilége de fournir un aliment intarissable à toutes les rêveries eschatologiques et à tous les calculs arbitraires destinés à les appuyer. Et quant à l'époque de ce livre, qui doit être le premier élément du calcul, nous n'avons pas à la rechercher pour nous, au moyen de la critique, comme le croit M. Muston, chose qui n'est pas d'ailleurs aussi difficile qu'il veut bien le supposer; nous n'avons qu'à voir quelle était l'époque qu'on lui assignait au moyen âge. Et cette époque, l'histoire ecclésiastique la connaît parfaitement.

[1] V. 5-7 : *Car nos ueyen aquest mont de la fin apropiar*
Ben ha mil e cent ancz cumpli entierament
Que fo scripta lora car sen al derier temp.
Dans la transcription de M. Raynouard on lit, par suite d'une faute d'impression que M. Hahn a copiée, *apropriar;* le graveur qui a travaillé pour M. Muston a complétement défiguré le même mot (*appiar*), ainsi que *ancz* (*amz*), *cumpli* (*npli*) et *derier* (*deuen*). De son côté, M. Gilly (p. 38) se trompe sur le sens en traduisant : *Since the hour was written — for we are in the last time.*

[2] Voyez, par exemple, Léger, p. 161, et tous les anciens, Raynouard, II, 137 et suiv.; Hahn, I, 65; Leroux de Lincy, p. vii; Muston, p. 136 et suiv.; Flathe I, 247, etc.
Parmi le très-petit nombre de ceux qui ont reconnu cette erreur, je citerai M. Schmidt (*Histoire des Cathares*, II, 290). M. Herzog, dans cette *Revue* (I, 330) n'approfondit pas la question et ne me semble pas en avoir donné la meilleure explication en nous renvoyant à 1 Jean II, 18. De son côté, Néander, X, 830, se trompe certainement en rappelant certains passages de saint Paul.

Depuis le second siècle et saint Irénée, l'opinion commune était que Jean avait été rélégué à Patmos par l'empereur Domitien et que pendant cet exil, c'est-à-dire dans les dernières années du premier siècle, il avait eu les visions consignées dans son livre. Je le répète, c'était l'opinion générale. Aussi sa période millénaire fut-elle la cause d'un certain mouvement à la fin du onzième siècle, mouvement qui ne fut pas sans influence pour mettre en train la première croisade. L'attente trompée une première fois ne fut pas pour cela abandonnée, et la *Noble Leçon* est là pour prouver qu'au moyen d'un calcul qui ajoutait un siècle à cette période, des esprits exaltés pouvaient de nouveau, vers l'an 1200, se laisser aller à de chimériques espérances. Encore ce calcul était-il on ne peut plus simple. Ceux des modernes sont bien plus compliqués, et nous pourrions citer tel auteur français, second Daniel, qui en a trouvé, sans doute par inspiration, de plus hardis et de non moins justes que celui-là.

Les preuves de l'existence d'une version antérieure à l'an 1170, telles qu'on les tire des poésies vaudoises, ne soutiennent donc point l'examen. On en a d'autres en réserve, basées sur une série de traités en prose, publiés par Perrin, Léger et autres anciens historiens et qui font encore aujourd'hui les frais du savoir de leurs successeurs, concernant les origines de la secte. Ces traités sont rapportés par ces auteurs aux années 1120, 1126 et autres du même siècle. Je ne me donnerai pas la peine de discuter leur authenticité en détail[1]. Je me bornerai à un seul fait qui rentre dans le cadre de mon travail spécial et qui pourra servir d'exemple de l'extrême légèreté avec laquelle la critique historique a été exercée jusqu'ici dans cette partie de la science. Parmi ces pièces dont il est inutile de faire ici l'énumération et que j'affirme positivement être en partie des productions de la réforme du seizième siècle, il y a une confession de foi qu'on prétend être datée de 1120 et qui contient entre autres une liste de tous les livres canoniques et apocryphes de la Bible. Les historiens en concluent qu'on s'est occupé de la Bible avec le plus grand soin critique dès le commencement du douzième siècle : la version évidemment n'aura pas pu manquer. Quant à cette confession, je conçois que les apologistes protestants, édifiés de sa ressemblance parfaite avec les leurs pour

---

[1] Il est curieux de voir M. Gilly, qui autrefois ajoutait une foi implicite à ces pièces, les déclarer aujourd'hui faussées quant à la date et se venger sur Perrin (*unfaithful, ignorant, fraudulent, l. c.*, p. 37) de ce que naguère encore il ne savait pas exercer la critique. La fraude cependant, s'il y en eut, était palpable. Mais ces dates sont-elles donc autre chose que des conjectures présentées avec un peu d'audace et en tout cas pas plus absurdes au fond que celle qui met la *Noble Leçon* en l'an 1100 ?

toutes les parties essentielles du dogme, n'aient pas été pressés d'examiner si la date s'y trouvait véritablement comme Perrin le leur avait dit, ou même si elle pouvait seulement s'y trouver. Mais il est étonnant qu'on ait aussi complètement oublié de demander à quelle source les Vaudois auraient pu puiser, avant le seizième siècle, un canon biblique qui auparavant n'a jamais existé ainsi. En effet, ce canon non-seulement sépare soigneusement les livres apocryphes des livres canoniques, séparation qui n'a jamais été faite officiellement dans l'Église latine depuis qu'il y a été question du canon[1], mais il connaît aussi deux livres de Samuel et deux livres des Rois, ce qui ne se voit jamais et nulle part avant la Réformation. Les Grecs et les Latins avaient invariablement quatre livres des Rois, et à moins qu'on ne veuille soutenir que les pauvres paysans des vallées piémontaises aient su l'hébreu, que ne savait pas un seul chrétien au douzième siècle, je ne vois pas comment on expliquera la présence de ces deux livres de Samuel dans cette liste des livres bibliques. Ce seul fait, qui n'a encore été relevé par personne, est décisif et achève de ruiner l'hypothèse de la haute antiquité d'une confession d'autant plus suspecte à cet égard qu'elle est plus explicitement et plus ostensiblement protestante[2]. Mais si l'un des documents principaux, qu'on met en avant pour appuyer l'hypothèse d'une opposition *protestante* contre l'Église de Rome, existant dès le dixième siècle au moins, si ce document est aussi évidemment un produit du seizième, cela justifie le soupçon à l'égard des autres, et le moindre indice d'une origine plus récente pèsera plus dans la balance de la critique que les arguments les plus spécieux que l'on produirait dans le sens contraire. Ainsi les citations

---

[1] *Ara sensegon li libres apocryphes li qual non son pas receopu de li Hebrios mas nos li legen (enaima dis Hierome al prologe de li proverbi) per lenseignament del poble non pas per confermar l'authorita de las doctrinas ecclesiasticas.* Cet appel à l'autorité de saint Jérôme, dans ce cas particulier, ne date que de la critique du seizième siècle; il se retrouve littéralement dans la confession anglicane (art. 6). — Il y a plus, nous savons que les députés des Vaudois, Morel et Masson, demandèrent à OEcolampade de leur apprendre à distinguer les livres canoniques des autres, et celui-ci leur fournit précisément les indications qui sont reproduites ici (voy. *Sculteti annal.*, II, 313). Perrin (p. 79) avoue même que la confession tout entière est extraite des mémoires de G. Morel. Je remarque en passant que dans la seule phrase transcrite il y déjà un mot (*pas*) inusité dans les *vieux* documents.

[2] Déjà Füsslin (*Kirchengesch. der mittleren Zeit*, I, 312) exprime des doutes modestes à cet égard. Le docteur Todd, cité par Gilly (p. 31 et suiv.), et ce dernier lui-même, sont aussi choqués par la contradiction entre les Nouveaux Testaments vaudois aujourd'hui existants et comprenant certains livres apocryphes, et une confession de foi qui rejette ces derniers. M. Herzog (*De orig. Waldens.*, p. 40, et dans cette *Revue*, I, 334 et suiv.) en a montré l'origine récente par des preuves tirées de l'histoire des dogmes.

d'auteurs postérieurs à 1120, comme de Pierre Lombard, de Richard et de Hugues de Saint-Victor, de saint Thomas d'Aquin, plusieurs fois invoqués [1] dans les documents vaudois, sans vouloir parler du *Mille-loquium*, qui date de bien plus tard, ne pourront plus être expliquées comme des interpolations. Cet expédient ne sera pas admis non plus pour les citations de passages bibliques d'après nos chapitres actuels (voire même d'après nos versets). Je prouverai plus loin qu'au seizième siècle encore les Vaudois ne connaissaient pas et ne pouvaient pas connaître cette dernière division, et quant au douzième siècle, tout le monde sait que la première n'existait pas. J'ai devant moi un dialogue polémique entre un catholique et un hérétique, écrit à cette époque [2], qui cite les passages de l'Écriture avec une exactitude géné-ralement inconnue aux anciens, et cela d'après la division antérieure à celle introduite par Hugues de Saint-Cher vers 1250, savoir dans les évangiles d'après les canons d'Eusèbe, et dans les autres livres d'après la capitulation d'Euthalius, qu'on peut encore voir dans les éditions d'Érasme.

Je bornerai à ces quelques pages ce que je voulais dire sur les ver-sions vaudoises qu'on suppose avoir existé avant l'époque de Valdo. Je le puis d'autant plus facilement que la bonne et saine critique aura bientôt achevé de dissiper les préjugés séculaires qui ont pu jusqu'ici résister à son action aussi circonspecte que désintéressée.

§ 2. *Versions vaudoises perdues.*

Les premières traces certaines d'une traduction partielle de la Bible faite par et pour ceux qu'on appela Vaudois remontent au dernier quart du douzième siècle. J'aurai soin de les rechercher dans les au-teurs contemporains et de les examiner avec une scrupuleuse atten-tion, afin de les dégager de toutes les additions postérieures qui ont pu les dénaturer. Le titre de ce paragraphe en parle au pluriel et les sup-pose perdues. J'avoue que ces deux faits ne sont pas parfaitement éta-blis encore; mais quant au premier, il y a toute vraisemblance que les livres saints mis en français ont successivement dû être appropriés à divers idiomes provinciaux; et pour ce qui est du second, il m'est im-possible pour le moment de reconnaître le travail de Valdo dans les

[1] Voyez, par exemple, dans les pièces imprimées dans l'ouvrage de Hahn, p. 611 et suiv.

[2] *Disput. inter catholicum et Paterinum hæreticum. Ap. Martene*, t. V, p. 1703 et suiv., par exemple, Jean I, 17 est cité comme chap. IV; X, 8, comme chap. LXXXIX; 1 Cor. X, 9, comme chap. XLV, etc.

manuscrits bibliques vaudois qui existent aujourd'hui. Mais voyons d'abord ce que nous pouvons savoir sur ce travail.

Le plus ancien auteur qui nous parle d'une traduction vaudoise de la Bible est Gautier de Mapes, franciscain et archidiacre de l'église d'Oxford, qui assista au concile du Latran, tenu en 1179 sous Alexandre III. Il raconte qu'il s'y présenta des Vaudois avec un psautier et d'autres livres bibliques en français, et qu'ils demandèrent au pape la permission de prêcher. Le frère Gautier fut chargé de les examiner. Mais il paraît avoir été prévenu contre eux, car il les tourna en ridicule dans son examen au sujet de leur ignorance dans la théologie scolastique et fit sur eux un rapport défavorable[1].

Un second auteur, un peu plus récent, mais mieux placé encore pour connaître les faits qui nous intéressent ici, est le dominicain Estienne de Bourbon, autrement dit de Belleville, mort en 1261. Il écrivit, vers l'an 1225, soit pendant, soit immédiatement après un séjour fait à Lyon, un livre *De septem donis Spiritus S.*, dans lequel se trouve un passage fort important sur l'origine des Vaudois et de leur Bible. Je le transcris en entier, en me réservant d'y revenir plus tard[2].

Les autres auteurs du treizième siècle qui peuvent encore être consultés sur les affaires des Vaudois, ou bien ne touchent pas la question biblique, ou ne nous présentent plus qu'un récit tantôt décoloré par le temps, tantôt amplifié par la tradition. Parmi les premiers il faut mettre le dominicain Reinier Sacconi, si souvent consulté par les historiens

---

[1] *Gualt. Mapes de nugis curialium manus. ap. Usser. de chr. eccl. success.* Lond. 1682, p. 112: *Vidimus in concilio romano sub Alexandro III celebrato valdesios homines idiotas illiteratos, a primate ipsorum Valde dictis qui fuerat civis Lugduni super Rhodanum. Qui librum domino papæ præsentaverunt lingua conscriptum gallica, in quo textus et glossa psalterii plurimorumque legis utriusque librorum continebatur. Hi multa petebant instantia prædicationis auctoritatem sibi confirmari quia periti sibi videbantur cum vix essent scioli.... Ego deridebam eos.... deducti sunt ad me duo Valdesii qui sua videbantur in secta præcipui disputaturi mecum,* etc.

[2] *Apud* d'Argentré, *Collect. judicior.*, I, 87, ou Echart, *Scriptores O. P.*, I, 192: *Incepit illa secta per hunc modum secundum quod ego a pluribus qui priores eorum viderunt audivi et a sacerdote illo qui satis honoratus fuit et dives in civitate lugdunensi et amicus fratrum nostrorum qui dictus fuit Bernardus Ydros qui cum esset juvenis et scriptor, scripsit dicto Waldensi priores libros pro pecunia in Romano quos ipsi habuerunt, transferente et dictante ei quodam grammatico dicto Stephano de Ansa (v. l. Emsa) qui postea beneficiatus in eccl. majore lugd. promotus in sacerdotem de solario domus corruens morte subita vitam finivit. Quem ego sæpe vidi. Quidam dives rebus in dicta urbe dictus Waldensis audiens evangelia cum non esset multum literatus, curiosus intelligere quid dicerent, fecit pactum cum dictis sacerdotibus, alteri (sic) ut transferret ei in vulgari, alteri ut scriberet quæ ille dictaret: quod fecerunt. Similiter multos libros bibliæ et auctoritates sanctorum multas per titulos congregatas quas sententias appellabant....*

modernes des sectes du douzième siècle[1]. Yvonet, dont on trouve un traité sans nom d'auteur dans la collection de D. Martène, répète presque mot à mot et avec de légères altérations le récit d'Estienne de Belleville[2]. Pour tous ces auteurs, ce qui fixe le plus leur attention, ce n'est pas la traduction que nous cherchons à découvrir et à connaître ; c'est la pauvreté volontaire, c'est l'extérieur, la condition sociale de ces Vaudois, *Poure de Lion;* ils ne s'intéressent point eux-mêmes aux études bibliques et ils en entrevoient trop peu la portée pour s'en préoccuper dans la narration. L'interprète le plus intarissable de ce sentiment est un chroniqueur anonyme de Laon, qui nous représente *Valdesius* comme un riche usurier de Lyon, tout à coup touché par la grâce, se dépouillant de sa fortune au profit des pauvres, mettant ses filles au couvent et allant gagner le ciel en mendiant son pain. D'hérésie ni de Bible pas un mot dans ce récit. Valdesius se rendit plus tard au concile du Latran et fut embrassé par le pape, qui se borna à lui interdire la prédication[3]. Au contraire, les auteurs précédemment cités font immédiatement chasser Valdo et ses adhérents par l'archevêque de Lyon, Jean de Bellesmains, et les font condamner comme schismatiques par ce même concile. Cette dernière assertion paraît erronée[4], car il résulte des actes des conciles que ce fut le pape Lucius III qui le premier excommunia les Vaudois en 1183, parce qu'ils se permettaient de prêcher sans autorisation[5]. Je mention-

---

[1] J'entends parler de son texte authentique tel qu'il se trouve dans le *Thesaurus* de Martène et Durand (t. V, où le nom même de Valdo n'est pas prononcé. Le texte interpolé contient au chap. 5 cette phrase : *Aliquantulum literatus pauperes qui ad eum confluxerunt docuit N. T. textum vulgariter,* etc.

[2] *Tract. de hæresi pauperum de Lugduno* (l. c., p. 1777) : *Cuidam diviti civi lugdunensi cui nomen erat Valdensis scripsit Bernardus pauper scholaris in gallico evangelia et aliquot alios libros de biblia et aliquas auctoritates sanctorum ordinatas per titulos quas appellaverunt sententias; et ista transtulit dicto civi in romano pro pecunia quidam grammaticus nomine Stephanus de Evisa cett.* — Quelques pages plus bas, cet auteur, tout en distinguant formellement les Cathares des Vaudois, dit de ces derniers qu'ils ne reconnaissaient aucune autorité à l'Ancien Testament. C'est une erreur en tout cas.

[3] *Chronic. anonymi laudun. ap. Bouquet,* t. XIII, p. 680 et suiv. : .... *Valdesium amplexatus est papa approbans votum quod fecerat voluntariæ paupertatis inhibens eidem ne vel ipse vel socii prædicationis officium præsumerent nisi rogantibus sacerdotibus. Quod præceptum modico tempore observaverunt. Unde extunc facti inobedientes multis fuerunt in scandalum et sibi in ruinam.*

[4] Elle prouve qu'alors déjà on confondait les Vaudois avec les Albigeois. Le même pape avait excommunié ces derniers au concile de Tours, en 1163, ce qui n'a pas empêché Noël Alexandre (XIII, 191, ed. Mansi) de leur substituer les Vaudois.

[5] V. *Labbei concil.,* X, 1737 : *Cātharos... et eos qui se humiliatos vel pauperes de Lugduno falso nomine mentiuntur... perpetuo decernimus anathemati subjacere. cett.* — C'est ce qui est aussi attesté par un auteur presque contemporain, Bernard

nerai encore pour mémoire le témoignage de l'historien Robert Ga-
guin , surtout remarquable en ce que la tradition qui lui était parvenue,
ou bien aussi sa propre insouciance , avait déjà oublié le fait d'une
traduction biblique[1].

En présence des différents textes que je viens de mettre sous les
yeux de mes lecteurs , il surgit plusieurs questions à débattre , mais
qui ne sont pas toutes également faciles à résoudre. Le personnage
principal de notre histoire est un riche citoyen de Lyon qui , par con-
viction religieuse , se soumet à une pauvreté volontaire et sent en lui
la vocation de prêcher. Les études bibliques qu'il fait le fortifient dans
ces sentiments ; il se trouve par ses prédications en conflit avec la discipline ecclésiastique ; il y a sans doute quelque chose d'enthousiaste ,
de désordonné dans ses procédés , mais il ne se sépare pas de l'Église
et reste irréprochable dans le dogme[2]. Cet homme est appelé Valdès
par les plus anciens auteurs[3]. Il n'avait pas reçu d'éducation litté-

de Fontcaude (ap. d'Argentré , l. c., I, 84) : *Præsidente Lucio* subito *extulerunt
caput novi hæretici cett.* On a mal à propos pris ce pape pour Lucius II , mort en
1145, pour se donner le plaisir de faire les Vaudois plus anciens que Valdo (Monastier, I , 81), et l'on ne s'est pas aperçu qu'ils sont condamnés sous un nom qu'ils por-
taient à cause de leur origine lyonnaise.

[1] *Hist. franc.* VI. 92, ap. d'Argentré (l. c , I, p. 84) : *Sub Ludovico (VII) Valdo
lugdunensis civis admodum dives.... erogatis in pauperes divitiis Christi pauper-
tatem omnino imitari constituit. Hic cum literarum ignarus esset obtinuit ab eru-
ditis libellos aliquot gallicos sibi conscribi ubi nonnullæ doctorum sententiæ insertæ
essent. Quos postquam adeptus est eosque suo sensu homo idiota interpretatur, do-
cendi officium apud sui similes usurpans multis se atque discipulos erroribus im-
plicavit.*

[2] Ce qu'on a de mieux à lui reprocher, à lui et à ses adhérents, c'est d'abord qu'ils
portent un genre particulier de chaussures , puis qu'ils ne veulent ni jurer ni tuer,
enfin qu'ils n'attachent pas de prix aux ordres sacerdotaux. — Voy. Pierre de Vaux-
cernay (*Hist. albig. ap. Duchesne* , V, 557); Yvonet (*l. c.*, p. 1782); conf. Gieseler
(*K. G.*, II, 2, 4e éd., p. 571).

[3] Je me permettrai ici une remarque qui ne rentre pas dans mon sujet : M. Herzog,
dans sa dissertation *De origine Waldensium* (1848) , a fait observer qu'aucun auteur
ancien ne le nomme Pierre et que, dans les siècles suivants, on l'a nommé tantôt
Pierre, tantôt Jean. Cela répondrait à l'objection de M. Monastier (I, 79), qui, de
ce nom de Pierre, veut conclure que Valdo a dû être un surnom, signifiant, selon
lui, un sorcier, selon d'autres, un homme des vallées, un Vaudois, un citoyen de
Vaux (Mosheim et Néander). Les interprétations allégoriques du nom, à la fois inspi-
rées par l'ignorance du latin et par le mauvais goût de ces vieux temps (Évrard de
Béthune : *Vallenses quod in valle lacrymarum manent;* Bernard de Fontcaude :
Valdenses a valle densa quod profundis tenebris involvuntur), n'auraient pas dû
être reproduites de nos jours par des auteurs sérieux. Voici maintenant mon obser-
vation , qui expliquera peut-être mieux la diversité des témoignages. Le nom de *Valdo*
(*Valdonis*) ne se rencontre pas non plus dans les témoins cités, mais bien *Valdes*
(*Valdis*), *Valdesius, Valdensis.* Cela m'a fait penser que la désinence véritable aurait

raire[1] et dut s'aider des services de quelques personnes lettrées de sa connaissance pour comprendre les Saintes-Écritures. On en cite deux sur les noms et les qualités desquelles les témoins ne sont pas tout à fait d'accord[2], mais dont l'existence et la coopération sont suffisamment garanties par un auteur contemporain, au récit duquel nous nous tiendrons, sans nous approprier les additions hypothétiques des modernes[3].

Tous ces faits sont d'un intérêt secondaire. L'historien de la Bible voudrait être éclairé avant tout sur la nature, la langue et l'étendue de la version dont on parle; et il sera bien difficile de le satisfaire à tous ces égards. Ceux qui croient simplement que les manuscrits existant encore contiennent le travail d'Estienne d'Ansa se trouvent promptement hors d'embarras. Nous n'allons pas si vite en besogne, par la raison que nous faisons route dans un sens opposé. La polémique protestante a servi à propager une méthode bien facile d'écrire l'histoire de la Bible vaudoise; elle en a fait une espèce de fable convenue.

Quant à la nature de la version, l'opinion commune la regarde comme ayant été littérale, et cette opinion se fonde moins sur des renseignements positifs que sur l'idée qu'on se fait du «protestantisme» des premiers Vaudois. Voici cependant quelques considérations qu'on pourrait produire à l'appui de cette manière de voir. On pourrait d'abord invoquer l'esprit théologique du douzième siècle, qui commença à secouer le joug de l'exégèse mystique et allégorique pour revenir à l'interprétation dogmatique si longtemps négligée. Une preuve des

bien pu être cet *ks* (*ez*) qui se rencontre encore aujourd'hui si fréquemment dans les noms propres du Midi, en France et en Espagne, et qui, marquant souvent un rapport d'origine (*patronymicum*), aurait pu donner lieu à la forme *Valdensis*. Le nom de Valdez subsiste encore aujourd'hui; comme il signifie proprement «de Valdo,» il faut sans doute y ajouter un nom de baptême. Valdo est un nom d'origine germanique, comme la plupart des noms français de cette époque.

[1] Et comme ce n'est pas une honte, on peut s'étonner de la chaleur que met Flacius (*Catal. test. verit.*, 1562, p. 424) à affirmer que Valdo était un savant docteur et à qualifier de méchants menteurs ceux qui disent le contraire. Flacius prétend avoir lu cela dans de vieux parchemins. Perrin (p. 55) et Basnage (II, 1434) l'ont répété après lui, en le citant comme autorité.

[2] La différence est cependant peu grave. Des deux noms *Emsa* et *Evisa* (ce dernier adopté par Mosheim, p. 486, et D. Rivet, *Hist. litt. de Fr.*, IX, 149) l'un est évidemment une faute de copiste. Pour Bernard, les uns le disent riche, les autres pauvre.

[3] Lebeuf (p. 731) dit qu'Estienne écrivit *à la considération de Bernard Ydros, Vaudois.* M. Hurter (*Innocent III*, II, 227) partage le travail encore d'une autre façon. Selon lui, Bernard a traduit les Écritures, et Estienne les sentences des Pères. M. Gilly assure qu'Ansa et Ydros sont des villes d'Italie. Mes connaissances géographiques ne vont pas aussi loin. Mais on voit qu'il s'agit encore là de faire venir les Vaudois du Piémont. Je note ces bagatelles pour faire voir avec quelle incroyable légèreté l'histoire est souvent traitée.

plus éclatantes de ce fait nous est fournie par l'histoire des Cathares. Ceux-ci, par leurs controverses, essentiellement basées sur les textes bibliques que très-souvent ils expliquaient mal, mais jamais au moyen de l'allégorie, avaient forcé les catholiques aussi à les combattre avec les mêmes armes, et à la fin du douzième siècle les débats religieux avaient répandu dans tous les partis un certain usage de la Bible beaucoup moins sensible antérieurement. Les adversaires des Cathares se voyaient même dans le cas de prendre la défense de l'interprétation allégorique, autrefois la seule en honneur dans l'Église[1]. L'ascétisme de Valdo déjà, qui, prenant à la lettre un mot bien connu de Jésus, va donner ses biens aux pauvres pour vivre lui-même de la charité publique, prouverait en faveur de l'hypothèse qu'il s'agissait pour lui d'une traduction littérale de la Bible. Les écrits sortis des communautés vaudoises seraient encore des témoins directs du même fait, quoique je sois bien loin de leur assigner une si haute antiquité. C'est avec cette même réserve qu'on pourrait invoquer le témoignage du texte interpolé de Reinier Sacconi, qui ne se rapporte pas, il est vrai, à l'époque de Valdo, mais au moyen duquel on pourrait y remonter par induction[2]. Ce que je viens de dire ne paraît pas répondre directement à la question, mais on pourrait encore observer qu'il n'existait guère à cette époque de gloses ou commentaires sur la Bible qui n'eussent pas suivi la méthode allégorique, de sorte que le traducteur, à moins de vouloir se laisser diriger par cette dernière, aurait été forcé de s'en tenir au pur texte de la Vulgate. D'un autre côté, ce que nous savons de Valdo et de son entourage n'est pas de nature à nous faire supposer qu'ils eussent pu ou voulu écrire eux-mêmes un nouveau commentaire. Il est vrai enfin qu'Estienne de Belleville et son successeur Yvonet disent que des autorités des Pères furent aussi traduites, mais comme ils ajoutent expressément que c'était un recueil de sentences arrangées d'après les matières et sous différentes rubriques, ils paraissent les distinguer du travail biblique, et nous en conclurions simplement que les traducteurs ne se bornèrent pas à la Bible pour trouver des preuves de leurs idées et de leurs innovations[3]. Reste le témoignage de Gautier

[1] *Eberhard. Bethun. c.* 24 *in Gretseri Triad. Scriptor. adv. Waldenses Ing.* 1614 On sait de reste que ce livre n'a pas été écrit contre les Vaudois.

[2] *Reinerii Summa de Catharis et Leonistis in Bibl. PP. lugd.* XXV, 264 : *Mysticum sensum in divinis ss. refutant... item quidquid prædicatur quod per textum Bibliæ non probatur pro fabulis habent.*

[3] Yvonet (*l. c.*, p. 1780) : *Verba Augustini, Hieronymi, Gregorii, Ambrosii, etc.... et auctoritates ex libris eorum truncatas decerpunt ut per hæc figmenta sua approbent.* C'est aussi le jugement de Flacius (*Catal. test.*, p. 425). Il va sans dire que le vieux chroniqueur parle plutôt de son temps que de Valdo même.

de Mapes : Les Vaudois qu'il vit à Rome, dit-il, y avaient apporté le texte et la glose du Psautier et de beaucoup d'autres livres de l'Ancien et du Nouveau Testament. S'il était prouvé que ce témoin a examiné leurs livres et qu'il savait assez de français pour les comprendre, nous devrions nécessairement admettre que le travail des Lyonnais était une Bible glosée, et comme ce genre d'éditions ou d'exemplaires était très-commun, cela ne ferait aucune difficulté. Mais ce qu'il raconte de ses rapports avec ces Vaudois est de nature à faire supposer qu'en voyant leurs différents ouvrages, peut-être réunis en un seul volume, il pensa que les extraits des Pères faisaient partie intégrante de la traduction de l'Écriture. Voilà bien une série de raisonnements en faveur de l'hypothèse d'une traduction littérale. Et pourtant ils ne me convainquent pas entièrement. Tout ce que j'ai vu de Bibles du moyen âge est plus ou moins glosé ; les explications, généralement exégétiques, consistent quelquefois dans un mot ou deux. Plus une traduction en langue vulgaire était chose nouvelle, plus elle avait besoin de venir en aide au lecteur par l'interprétation de certains termes qui n'avaient pas encore droit de cité dans cette langue. Et s'il est vrai que Valdo et ses successeurs, comme on n'en peut douter, faisaient une étude particulière des pères dogmatiques, pourquoi n'auraient-ils pas *illustré* les textes par les *autorités* ? Beaucoup plus tard ils le font bien encore dans leurs traités. Quoi qu'il en soit, je n'oserai trancher cette première question[1].

Pour ce qui est de l'idiome qui a servi aux traductions de Valdo, ma science est encore en défaut. Il faut admettre que c'était l'idiome parlé alors à Lyon. Mais quel était-il? Je n'ai trouvé nulle part une réponse nette et précise à cette question. Voici ce que dit à ce sujet un auteur moderne[2] : « Nous manquons de renseignements suffisants pour continuer vers l'ouest la ligne de démarcation à partir de Genève, afin de la lier à la partie orientale de l'Auvergne. Il faudrait pouvoir déterminer exactement à laquelle des deux grandes divisions, de la langue d'Oil ou de la langue d'Oc, doit se rattacher le langage des départements de l'Ain, du Rhône et de la Loire. Ce que nous avons pu nous procurer sur ces départements n'a pas suffi pour que nous osions rien affirmer à ce sujet. » Les pièces bibliques, imprimées de nos jours dans les dialectes de la Drôme, de l'Ardèche, du Rhône, et que j'ai sous

---

[1] Je hasarderai encore la conjecture que les traducteurs auraient pu comprendre dans leur travail des prologues aux différents livres traduits, par exemple ceux de saint Jérôme ou d'autres qui avaient cours dans ces temps-là.

[2] *Mélanges sur les dialectes et patois français*, par Coquebert de Montbret; Paris 1831, p. 29.

les yeux, diffèrent assez de l'idiome des documents vaudois[1]. Ce n'est que dans celles qui représentent les patois des Hautes-Alpes que j'ai trouvé des analogies plus marquantes avec ces derniers, mais non une ressemblance parfaite. Il est vrai que dans le cours des siècles le langage populaire a pu changer sous l'influence du français moderne, mais il est constant aussi qu'il ne s'est pas complétement métamorphosé. Il m'est donc impossible d'admettre que le dialecte qui a dû servir au travail des trois citoyens de Lyon, à moins qu'ils ne fussent tous les trois étrangers à cette ville et originaires d'une province plus méridionale, ait été celui que nous trouvons dans les documents vaudois. Si je me trompe, je serai reconnaissant de toute information que des personnes mieux renseignées pourraient me donner, pièces en mains[2]. Quant aux anciens, il va sans dire que ce n'est pas chez eux que nous trouverons la solution d'un problème linguistique de ce genre. Aussi ne puis-je attacher aucune importance à quelques phrases vaudoises rapportées par Yvonet, qu'il dit servir de mots de ralliement aux sectaires. Elles sont en français septentrional et expriment sans doute le langage familier à l'auteur et à sa localité[3].

Nous demandons encore quelle peut avoir été l'étendue du travail des trois Lyonnais. Les témoins cités ne s'expriment pas d'une manière très-précise à ce sujet. Gautier ne signale que les Psaumes et parle du reste en termes généraux; Estienne et Yvonet représentent également ces traductions comme embrassant un grand nombre de livres, mais ne nomment expressément que les évangiles. Dans ces deux derniers auteurs cependant on trouve encore d'autres renseignements précieux à recueillir, mais tout aussi peu exacts quant à la forme. Estienne parle d'un Vaudois qui se serait présenté à Joinville, dans le diocèse de Besançon, et qui, après un séjour de dix-huit ans en Lombardie, aurait su par cœur le Nouveau Testament et un grand nombre de passages de l'Ancien[4]. Cela peut très-facilement se réduire à une connaissance aussi riche qu'inouïe chez un laïque, des passages qui devaient confirmer la foi du parti et servir dans sa controverse avec les prêtres. Yvonet généralise ce fait sans lui donner au fond une autre

[1] M. Raynouard, ce grand connaisseur du roman provençal, dit bien (II, 140) que le dialecte vaudois des documents et la langue romane des troubadours sont identiques. Mais cela ne répond pas à notre question, parce que nous ne pouvons pas établir *à priori* que le vaudois des vallées et l'idiome de Valdo l'étaient aussi.

[2] Déjà Füsslin (*Kirchengesch. der mittleren Zeit*, I, 339) pense que la traduction de Valdo n'a pas été écrite en roman provençal, comme a dû l'être celle des Cathares.

[3] *Tract. de hæresi Pauperum de Lugduno*, p. 1794. Il vivait sous le pontificat d'Alexandre IV, c'est-à-dire vers le milieu du treizième siècle.

[4] D'Argentré, I, 86 : ...*Firmans N. T. corde et multa V. per quæ posset sectam suam defendere.*

signification [1]. Ces témoignages prouvent une grande familiarité avec
la Bible, mais non l'existence d'une traduction complète, beaucoup de
passages pouvant être connus et répétés comme des *dicta probantia*
sans être nécessairement empruntés à une version, à moins qu'on ne
veuille prétendre qu'il n'y a jamais eu parmi les Vaudois des gens sa-
chant le latin. Plus tard, ces mêmes témoignages, sous la plume d'auteurs plus récents, prennent la couleur d'une tradition fort contestable
et parlent d'efforts de la mémoire qui peuvent tout au plus s'être ren-
contrés comme des exceptions [2]. Dans la lettre des Vaudois à Œcolam-
pade [3], il est dit que les candidats au saint ministère doivent connaître
Matthieu, Jean, les épîtres catholiques et une bonne partie de Paul ;
tout porte à croire qu'il s'agit ici plutôt d'une solide instruction biblique
que d'un exercice de mémoire. Mais c'est précisément dans ce dernier sens qu'on a pris la chose, en l'outrant encore [4]. De pareilles assertions ne peuvent pas nous guider dans la recherche du nombre des
livres traduits. Ainsi, tandis que Léger, qui très-certainement n'est
pas un modèle de critique historique, affirme lui-même qu'avant la
traduction d'Olivetan les Vaudois ne possédaient, outre le Nouveau
Testament, que la Genèse, les Psaumes, les Proverbes, Job et peut-
être quelques pièces détachées, Lelong fait traduire la Bible entière
par Valdo, et cette opinion est assez généralement accréditée. Partout
sur notre chemin nous trouvons des opinions hasardées et exagérées.
Le flot des hypothèses va en montant ; à peine formulées par quelque
auteur, elles se changent en faits pour les autres, et ceux qui les pro-
posaient comme des probabilités sont cités en témoignage par leurs
successeurs pour en établir la certitude absolue.

Après tout, il reste une grande obscurité sur tout ce qui se rapporte

---

[1] *L. c.*, p. 1781 et suiv. : *Dociles et facundos docent verba evangelii et dicta app.
et sanctorum aliorum in lingua vulgari corde firmare ut sciant et alios informare...
puellas parvulas docent evangelium et epistolas ut a pueritia consuescant erro-
rem amplecti.* — Les actes des conciles et les auteurs du treizième siècle sont rem-
plis de citations de passages bibliques que les hérétiques invoquaient en leur faveur.
Elles appartiennent pour la plupart aux Cathares, mais il y en a aussi qui peuvent revenir aux Vaudois (voyez, par exemple, Bernard de Fontcaude *adv. Waldenses in
Bibl. max. PP. XXIV,* 1585). Ces citations sont tirées indistinctement de tous les
livres bibliques, même chez les Cathares qui rejetaient l'Ancien Testament.

[2] *Pseudo-Reinerius,* c. 3 : *Testamenti novi textum et magnam partem veteris
vulgariter sciunt corde.* — C. 5 : *Vidi quendam rusticum idiotam qui Job recita-
vit de verbo ad verbum et plures qui totum N. T. perfecte sciverunt.*

[3] *Ap. Scultet. annal.,* II, 294.

[4] Natalis Alex. (éd. Mansi, XIII, 187) leur fait apprendre par cœur et régulièrement
le Nouveau Testament tout entier, David, Salomon et la plus grande partie des pro-
phètes.

à cette première traduction vaudoise, et je tiens beaucoup plus à constater cette obscurité qu'à la faire disparaître en apparence par la lumière trompeuse des conjectures. Peut-être cependant y a-t-il encore un autre moyen de la dissiper en partie. Je dois parler maintenant d'un nouveau fait qui paraît être de nature à étendre un peu le cercle, si étroit malheureusement, des renseignements que les chroniques nous ont fourni jusqu'ici. Vers la fin du douzième siècle il s'était formé à Metz et dans les environs des conventicules fréquentés par des personnes laïques des deux sexes et dans lesquels on s'édifiait par la prédication et la lecture des livres saints. Ces assemblées, qui prenaient un caractère hostile à la hiérarchie, sans pourtant s'exposer à être accusées d'hérésies dogmatiques, attirèrent l'attention de l'évêque diocésain et furent dénoncées au pape Innocent III, qui écrivit à ce sujet deux lettres fort remarquables, comprises dans la collection des œuvres de ce célèbre pontife[1]. La première est une espèce de mandement, dans lequel le chef de l'Église représente l'établissement de ces assemblées et leur genre de prédication comme contraires à la discipline ecclésiastique[2]. Il remarque que l'empressement de se familiariser avec les Saintes-Écritures est quelque chose de très-recommandable, mais que, d'un côté, les livres sacrés sont beaucoup au-dessus de la portée des intelligences simples et non-éclairées, et que, de l'autre, la prédication ne saurait être permise en cachette et indistinctement à tout le monde, pas plus que le mépris de l'autorité ecclésiastique ne peut être toléré et excusé. La seconde lettre, adressée à l'évêque et à son chapitre, tout en répétant les faits, se plaint de l'insuffisance des informations fournies au saint-siége et avertit le clergé de

[1] *Innocentii III epp.* (ed. Baluz., l. II, 141, 142; t. I, p. 432 et suiv.) Elles sont datées du 4 des ides de juillet, probablement de l'année 1199, quoique les auteurs ne soient pas d'accord sur la date, et elles se trouvent répétées dans le *Decret. Gregor.*, l. V, cit. 7, c. 12.

[2] ....*Significavit nobis Ven. Fr. noster Metensis ep. per literas suas quod tam in diœcesi quam urbe metensi laicorum et mulierum multitudo non modica, tracta quodammodo desiderio S. S. evangelia, epistolas Pauli, psalterium, moralia Job et plures alios libros sibi fecit in gallico sermone transferri, translationi hujusmodi adeo libenter, utinam autem et prudenter, intendens, ut secretis conventionibus talia inter se laici et mulieres eructare præsumant et sibi invicem prædicare. Qui etiam eorum aspernantur consortium qui se similibus non immiscent et a se reputant alienos.... Quos cum aliqui porochialium sacerdotum super his corripere voluissent ipsi eis in faciem restiterunt conantes rationes inducere de S. S. quod ab his non deberent aliquatenus prohiberi. Quidam etiam ex eis simplicitatem sacerdotum fastidiunt, et, cum ipsis per eos verbum salutis proponitur, se melius habere in libris suis et prudentius id posse se eloqui submurmurant in occulto*, etc. — Le pape n'a pas vu cette traduction; il se plaint même de n'être pas bien renseigné à son sujet; autrement la mention qu'il fait des *moralités* de Job serait une preuve concluante en faveur de la présence de gloses.

II. 22

l'endroit de ne pas se laisser aller à un zèle intempestif qui pourrait faire beaucoup plus de mal que les réunions elles-mêmes[1]. Il enjoint au chapitre de prendre des informations plus précises sur les traductions dont se servaient ces assemblées, sur leur but, leur auteur et sur la position que leurs affiliés prétendaient prendre vis-à-vis du saint-siége. Nous nous refusons avec peine le plaisir de nous arrêter plus longtemps à ces documents intéressants qui, tout en prouvant que le point de vue du pape n'était pas précisément celui d'un despotisme absolu, impie et ténébreux, nous font déplorer que ceux qui avaient en main un pouvoir spirituel presque sans bornes n'aient pas su s'emparer du mouvement religieux de leur époque pour le diriger dans l'intérêt bien entendu de l'Église[2]. Quoi qu'il en soit, le pape chargea plusieurs abbés, entre autres celui de Cîteaux, de procéder à l'examen de l'affaire, ce qui prouve clairement qu'il n'avait pas trop de confiance dans les procédés de l'évêque de Metz. Ces délégués cependant ne trouvèrent rien de mieux à faire que de brûler les Bibles françaises, espérant sans doute étouffer ainsi dans son berceau cette hérésie naissante[3]. Du reste, nous ne savons rien sur le sort ultérieur de ce mouvement. On a cru en trouver des traces plus récentes dans la même localité, mais je pense que c'est une erreur[4].

On a vu, par quelques-unes des citations qui précèdent, que les anciens déjà ont prononcé le nom des Vaudois à l'occasion de ce qui s'est passé à Metz sous le pontificat de l'évêque Bertram. Les modernes ont été du même avis[5]. Si quelques-uns mettent à leur place

---

[1] ....*Sane sicut non debet hæretica pravitas tolerari, sic enervari non debet religiosa simplicitas, ne vel patientia nostra hæreticis audaciam subministret, vel simplices impatientia multa confundat ut.... in hæreticos de simplicibus commutentur....*

[2] Voy. Néander, *Hist. de l'Église*, X, 426 et suiv.; Hurter, *Innoc. III*, t. II, 245 et suiv.

[3] *Innoc. epp.*, II, 235. *Chronicon Alberici ad a.* 1200 (*Scriptores rer. Gall.*, t. XVIII, p. 763) : *Item in urbe metensi pullulante secta quæ dicitur Valdensium directi sunt quidam abbates ad prædicandum qui quosdam libros de latino in romanum versos combusserunt et prædictam sectam extirpaverunt.*

[4] Césaire d'Heisterbach (*Illustr. miracc.*, l. V, c. 20, éd. de Cologne 1591, p. 379) raconte que *sub episcopo Bertramo orta est hæresis valdosiana in civitate metensi*, avec des détails qui mettent en relief le caractère emporté et violent de cet évêque, que le pape avait trouvé peu capable de ramener des hommes peut-être égarés, mais non pervertis. M. Gieseler (*Hist. eccl.*, II, 2, p. 571) fixe la date de ce fait à 1222. Mais cela me paraît peu probable, l'évêque Bertram étant monté sur le siége de Metz dès 1179 (*Chron. S. Vincentii metensis ap. Bouquet*, XIII, 645), et la narration de Césaire allant mieux à ce qui a dû précéder la correspondance avec Innocent III.

[5] Voyez, par exemple, Füsslin (*Kircheng. d. mittl. Zeit*, I, 340); Kortholt (*De*

les Albigeois[1], cela vient de ce fait bien connu que pour beaucoup d'auteurs les deux noms ont absolument la même signification. Et, à vrai dire, en comparant ce qui est raconté des usages des dissidents messins, ainsi que le jugement d'Innocent sur eux et leur tendance, avec ce que nous avons déjà appris sur le compte de Valdo et sur l'accueil que lui fit Alexandre III, il n'est guère possible de se refuser à un rapprochement plus qu'extérieur et accidentel. La seule objection spécieuse qu'on pourrait faire contre cette opinion, c'est que Césaire prétend que l'évêque Bertram reconnut à Metz, dans ce qu'il appelle les Vaudois, des gens déjà condamnés pour hérésie en sa présence à Montpellier. Cela nous rapprocherait plutôt des Albigeois ou Cathares. Mais on peut toujours admettre que l'évêque, identifiant dans son zèle polémique deux partis essentiellement distincts, quoique confondus souvent à dessein par leurs adversaires, ne voulait pas dire qu'il revoyait devant lui les mêmes personnes qu'il avait vues à Montpellier, mais des hérétiques de la même trempe. La narration de ce moine de Citeaux est d'ailleurs aussi ampoulée qu'obscure et ne repose certainement pas sur un témoignage immédiat.

Il reste la question de savoir si les Messins avaient fait une nouvelle traduction ou s'ils se servaient de celle de Lyon. Le seul témoin qui en parle plus explicitement, le pape Innocent, paraît dire dans sa première lettre que c'était une traduction nouvelle, et c'est aussi l'avis de M. Hurter. Mais ce qu'il recommande à l'évêque, dans la seconde lettre, prouve au contraire qu'il n'en savait rien, ayant été laissé, à son grand regret, dans une complète ignorance à cet égard. D'autres auteurs[2] sont arrivés au même résultat par une autre raison. Partant de l'idée que le dialecte des documents vaudois existants avait dû être celui de Valdo, ils en ont conclu qu'on ne devait pas le parler à Metz. La conclusion est juste ; la prémisse repose sur une erreur. Mais en admettant même une plus grande analogie entre l'idiome parlé à Lyon et celui de Metz, cela n'empêche pas certaines différences plus ou moins marquées dans le langage et, par suite, le besoin d'une transcription plus ou moins modifiée. Partout dans l'histoire de la Bible (même dans l'original grec) nous découvrons des traces de pareilles modifications locales, qui ne constituent pas pour cela autant de versions nouvelles.

Pour en juger en parfaite connaissance de cause, il faudrait avoir les pièces en main ; en d'autres termes, il faudrait posséder des exem-

---

variis S. S. edd., 310) ; Gilly (*Romaunt version*, p. 86, etc.) ; Paulin Paris, manuscrit de la bibl. du Roi, VII, 188.

[1] R. Simon, *Disqq. crit.*, p. 200 ; *Hist. litt. de France*, par les bénéd., IX, 149.
[2] Füsslin, *l. c.* ; Hegelmaier, *Gesch. des Bibelverbots*, p. 128.

plaires de ces Bibles lyonnaises ou messines du douzième siècle. Nous
abordons ici la partie pratique de notre travail, celle aussi qui est la
plus nouvelle pour la science et presqu'intacte encore, la question de
savoir s'il existe de ces exemplaires. Je me suis déjà prononcé pour la
négative. Nos anciens bibliographes nationaux sont d'une désespérante
inexpérience à cet égard. La difficulté des recherches et le contact de
l'hérésie étaient deux puissants obstacles qui empêchaient la plupart
d'entre eux de s'en occuper. R. Simon ne connaît à peu près que ce que
dit Léger ; il croit qu'il n'existe plus de Bible de Valdo parce qu'Innocent III les a fait détruire à Metz ; il sait bien qu'il existe encore quelques Bibles en idiome provençal, mais il ignore si elles sont l'œuvre
des catholiques ou des Vaudois, etc. [1] Le père Le Long [2] déclare ne pas
savoir si la Bible de Valdo existe encore ; il n'ose affirmer que les exemplaires en langue provençale et piémontaise que l'on possédait de son
temps remontent aussi haut. Quant à ces derniers, il en connaît un à
Zurich, deux à Paris, à la bibliothèque du Roi n⁰ˢ 8086 et 6831, ce
dernier en catalan, et il a entendu parler d'un quatrième à Aix, ap-
partenant à un sénateur de cette ville, M. Thomassin de Mazaugue, et
contenant, outre le Nouveau Testament, les livres de Salomon, les
dix premiers chapitres de la Sapience et les quinze premiers de l'Ecclésiastique. Ce manuscrit est expressément désigné comme vaudois et
doit avoir été écrit vers la fin du treizième siècle. En outre, Le Long
répète ce que dit Perrin de son Nouveau Testament vaudois. Ce dernier [3], en faisant le catalogue de la littérature vaudoise, assure en premier lieu avoir en main un Nouveau Testament en langue vaudoise
très-bien écrit, quoique de lettre fort ancienne. De son côté, Léger [4]
dit avoir remis à l'envoyé de Cromwell, Samuel Morland, entre beaucoup d'autres manuscrits, un Nouveau Testament incomplet, auquel
il manquait Marc, Luc (à l'exception du 1ᵉʳ chapitre), les épîtres aux
Romains, la seconde aux Corinthiens, celle aux Colossiens, la seconde
aux Thessaloniciens, la première à Timothée, celle à Philémon, celles
de Jacques, de Jean, de Jude, celle aux Hébreux (à l'exception du 11ᵉ
chapitre), enfin l'Apocalypse. Cet exemplaire fut déposé à la bibliothèque de Cambridge. Il paraît avoir disparu depuis [5]. M. Archinard
est d'avis que le travail des amis de Valdo ne nous est pas parvenu.

---

[1] *Hist. du V. T.*, p. 334 ; *Hist. des versions du N. T.*, p. 317 ; *Nouvelles obss.*,
p. 141 ; *Disqq. crit.*, p. 198.

[2] *Biblioth. S.*, I, 313, 369.

[3] *Hist. des Vaudois*, I, 57.

[4] *Hist. des églises vaudoises*, I, 22.

[5] M. Gilly dit positivement qu'il est perdu (voir son *Introd.*, p. 26). Je ne sais sur
quelle autorité se fonde M. Monastier (*Hist. des Vaudois*, 1, 103) en affirmant le contraire.

Avant lui, Füsslin (critique fort circonspect, quoi qu'en disent les défenseurs *quand même* de la tradition vaudoise) exprime des doutes sur l'identité des exemplaires existants avec la traduction du douzième siècle[1]. Enfin, M. Paulin Paris, à l'endroit déjà cité, avance, bien qu'avec une certaine réserve, l'idée que la version de Valdo ou d'Estienne d'Anse existerait encore dans un manuscrit de la bibliothèque nationale, n° 7268[2], quoique transcrit en dialecte de la Champagne ou de l'Ile-de-France. Cette idée lui a sans doute été suggérée par le fait que la couverture porte le titre : *Bible des Pauvres*, ce qui lui a rappelé les *Pauperes de Lugduno* des anciens auteurs[2]. Enfin il faut encore dire que l'abbé Lebeuf[3] cite un manuscrit contenant le Psautier et les passages des évangiles et des épîtres qu'on lisait dans l'office divin et qu'il suppose représenter la Bible des Messins. Il en cite un fragment qu'il dit appartenir à l'évangile selon saint Matthieu, mais qui en réalité est tiré de Marc XIV, 65-72. Je ne sais où se trouve aujourd'hui ce manuscrit. S'il n'a contenu que les péricopes, il ne répond pas à l'idée qu'on se fait d'une version vaudoise. Le fragment contient plusieurs idiotismes provinciaux au moyen desquels on pourrait peut-être déterminer son origine, par exemple le coq est nommé *li jas*.

Voilà ce que l'on disait et ce que l'on savait naguère encore sur l'existence de la Bible primitive des Vaudois. Moi-même, dans mon histoire du Nouveau Testament écrite vers 1840, je me croyais autorisé à dire simplement qu'elle était perdue. En 1848, M. W. St. Gilly, ecclésiastique anglican, déjà connu par plusieurs publications sur les Vaudois, dans lesquelles il défend les traditions de ces derniers au sujet de leur ancienneté et de l'authenticité de leurs documents, publia un ouvrage très-intéressant[4] sur le sujet qui nous occupe en ce mo-

[1] Füsslin, *l. c.*, p. 340; Archinard, *Notice sur les premières versions en langue vulgaire*, p. 8. Ce dernier auteur, en disant que les Vaudois se dispersèrent dans des contrées où le provençal leur devint inutile, est aussi d'avis que l'idiome des vallées ou celui des documents vaudois est un autre que celui qui devait servir à Valdo. Mais je ne puis m'approprier ce qu'il ajoute relativement à l'histoire de la transformation des dialectes du Midi et du nord de la France.

[2] C'est cette même Bible que M. Leroux de Lincy estime contenir la traduction faite pour saint Louis (*l. c.*, p. XIII et suiv.) J'aurai l'occasion d'y revenir, mais je dois dire dès à présent que l'opinion de M. P. Paris me paraît être le résultat d'une confusion. Ce qu'on a appelé *Biblia Pauperum*, et les *Pauperes de Lugduno* n'ont rien de commun, et le manuscrit en question paraît également étranger à l'un et à l'autre de ces noms.

[3] *Mém. de l'Académie*, XVII, p. 724; comp. Leroux de Lincy, *l. c.*, p. XVIII.

[4] *The romaunt version of the gospel according to S. John, with an introductory history of the version of the N. T. anciently in use among the old Waldenses.* Lond. 1848, 8°.

ment et qui aurait rendu superflu le présent travail si ma critique avait pu s'accommoder de ses assertions. Il nous donne, outre une histoire de la Bible vaudoise et des notions sur les manuscrits qui en doivent exister, une édition complète de l'évangile selon saint Jean d'après deux de ces derniers, très-différents entre eux. Quant à l'antiquité du texte, il affirme d'abord que son Jean est un fragment de la plus ancienne version en langue vulgaire qui existe, ce qui revient à dire qu'il l'attribue à Valdo, il affirme ailleurs que plusieurs des manuscrits existants datent d'une époque où les Vaudois n'étaient pas séparés de Rome. Il y a plus : il arrive à classer les manuscrits dont il constate l'existence et qui doivent être au nombre de six ; il nous assure que le manuscrit 8086 de Paris se rapproche le plus du véritable Valdo et contient peut-être même des fragments plus anciens ; que le manuscrit de Zurich, ainsi qu'un autre qui se trouve à Dublin et un troisième à Grenoble, qu'il soupçonne être le même que celui qui existait autrefois à Aix, contient une révision faite encore par Valdo lui-même après son voyage d'Italie[1], révision qui serait devenue la version officielle des Vaudois des vallées ; enfin que le manuscrit 6831 de Paris et un autre de Lyon, dont il n'a pas été question encore, contiennent un autre travail ou une récension se rapprochant du provençal.

L'extrême précision de toutes ces assertions est de nature à effaroucher une critique qui aime à prendre ses précautions, et cela d'autant plus qu'elles ne sont pas accompagnées de preuves bien détaillées et qu'elles ne s'appuient même pas sur une connaissance directe et immédiate de tous ces différents manuscrits. M. Gilly n'a vu que ceux de Paris et celui de Dublin. Les notes qui lui ont été fournies par différentes personnes sur ceux de Lyon, de Grenoble et de Zurich sont insuffisantes et plus que superficielles[2]. J'ai d'ailleurs appris par

---

[1] Je ne sais pas ce que c'est que ce voyage d'Italie. M. Gilly l'a peut-être découvert dans la prétendue accolade donnée par Alexandre III à Valdo, d'après le chroniqueur de Laon. Il aurait pu voir que Gautier de Mapes, qui se trouvait sur les lieux, dit implicitement que Valdo n'était pas au concile.

[2] Je prouverai cela pour le manuscrit de Zurich, que j'ai entre les mains. Je réussirai peut-être à me procurer des renseignements plus exacts sur quelques-uns des autres, et c'est même là ce qui m'engage à m'arrêter ici pour le moment. Quant au manuscrit de Lyon, M. Gilly a eu la mauvaise chance de se faire écrire qu'il se termine *par dix pages de réflexions et de différents passages bibliques*, tandis qu'en réalité il y a là le seul exemplaire existant d'un rituel probablement albigeois, sur lequel mon savant ami et collègue, M. Cunitz, prépare un article qui doit paraître prochainement dans le 3e volume des *Mélanges de théologie*, que nous publions ensemble à Iéna. Le manuscrit de Grenoble, pour ne citer que ce seul fait assez curieux, est désigné par trois correspondants de M. Gilly comme un in-8°, un in-12 et un in-4°. De toutes ces communications pas une seule n'entre dans les indispensables détails de la critique du texte.

ma propre expérience que dans ces sortes de recherches il ne faut guère se fier qu'à ses propres yeux, à moins d'être secondé par une main amie, dévouée aux mêmes études et familiarisée avec les procédés critiques. J'ai pensé que l'histoire de la Bible vaudoise restait à faire, même après M. Gilly. Je ne sais jusqu'à quel point le présent travail fera double emploi avec celui que le monde savant attend en ce moment de M. Muston ; mais comme je suis à même aujourd'hui de donner au moins quelque chose de plus exact que ce qui s'est imprimé jusqu'ici, en attendant que je puisse offrir quelque chose de complet, je n'ai pas cru devoir retenir plus longtemps le fruit de mes recherches. Ed. Reuss.

CPSIA information can be obtained at www.ICGtesting.com
Printed in the USA
BVOW07s1705110314

347324BV00008B/241/P